한 발 빼면 한 발 빠지는

김성기 시집

시인의 독백

근데
오늘은
모처럼 술을 마셨어
횡단보도를 건너는데 차들이 브레이크를 밟지 않았어
오늘도
오늘을 아슬아슬 건너는 중이야
나는
나를 가까스로 부축하는 중이야
좀처럼
비는 그치지 않고………쯥

(추백)
마음은 풀잎처럼 흔들리는데
몸이 흔들리지 않는 나이가 되었습니다
그럼에도
가랑비에 가슴이 촉촉하게 젖어듭니다
아직은 눈물겹도록 고맙습니다

차례

3   시인의 독백

1부   변산반도

10   모조(模造) 인간
11   고백
12   변산반도
13   노크도 못 하고
14   하필이면
15   아휴
16   세세손손
17   만종
18   천명(天命)
19   겨울
20   이를 우짜노
21   봄의 찬가
22   절대 고요
23   기막힌 동거
24   통합?
25   사랑이란
26   자연
27   콩닥콩닥

28 변덕

29 풍경

30 꿈

31 외톨이

32 무인도

33 불가근불가원(不可近不可遠)

34 손 하트

35 포용

2부 미안해 친구

38 불가해(不可解)

39 프로세스 1

40 마중물

41 노을

42 산수 공부

43 취업난

44 어떤 통계

45 꼴불견

46 잘 가시오

48 말실수

49 아름답게 살아야 해

50 바람이 분다

51 공염불

52 성적표

53 폐광(廢鑛)
54 不
55 관계
56 진면목
58 묘한 세상
59 부끄러워라
60 소통과 불통
61 쉿!
62 인생사계(人生四季)
64 궤변으로 호도하기
65 미안해 친구

3부 우리 가슴으로 살자

68 푸른 솔
69 사그라들다
70 어울림
71 벌레 같은 놈
72 덕분에
73 시인의 독백
74 함께
75 우리 가슴으로 살자
76 모성애
77 탈선(線)
78 궁금하다

79 폭력
80 복수초(福壽草)
81 오, 외롬이여 그 쓸쓸함이여
82 또라이
83 미상불(未嘗不)
84 노시인(老詩人)
86 신(新) 진화론 1
87 신(新) 진화론 2
88 극진하다
89 은행나무 아래
90 민들레
91 꽃잎 떨어지듯
92 상사불견(相思不見)

4부 이 나라에서 반지하는 딴 나라 이야기

94   염치라고는
95   회전문
96   도긴개긴
97   불공(不恭)하다고?
98   이태원 1
100 이태원 2
101 이태원 3
102 무등산 상고대
103 속죄

104 이 나라에서 반지하는 딴 나라 이야기
106 소귀에 경(經)
108 70년대 청계천변(淸溪川邊)
110 나는?
112 빈노(貧老) 그리고 어떤 슬픔
114 산중일기
116 속죄하게나
118 세월

발문 _이영철(소설가·한국소설가협회 부이사장 역임)
119 빠진 자리만큼 아픈, 그러나 다시 걷는

1부

변산반도

모조(模造) 인간

속이 비었다
개명
성형
표절
장신구
무엇으로도
속을 채울 수 없었다

가면무도회가 끝나고
허상(虛像)을 좇던
한 사람
통째로
틀(囚) 안에 들었다
그 안에서
모조품은 해체된다

(에필로그)
한동안
나는 섬망 같은
의식장애가 있었다

고백

무궁화꽃이 피었습니다
나는 술래 몰래 움직였습니다
이후로 들키지 않고
나는 몰래 무엇인가를 할 수 있었습니다
성장해서도 마찬가지였습니다

무궁화꽃이 집니다
나이 들어 이제사
몰래 한 일들이 부끄러워지는 것이었습니다
술래에게 미안해지는 것이었습니다

변산반도

삶에 지치거든
서해로 가라
발이 푹푹 빠지는
서해로 가라
한 발 빼면 한 발 빠지는
서해로 가라

이 세상 그 누가
이토록 간절히 그대를 붙잡던가

사랑이 넘치는
서해로 가자
라랄라
서해로 가자

노크도 못 하고

차가 지나간다
내 그림자가
그녀의 창가에 닿았다가
말없이
말없이 돌아왔다

하필이면

이웃에서 관상어 구피를 얻었다
적당한 용기가 없어서 우선 냄비에 넣었다

얼마나 불편했을까
얼마나 불안했을까

아휴

지구 나이를 하루라고 가정하면

인간은 고작 5초 정도 살은 셈이라고 한다

이 5초 만에 지구별을 망가뜨린

해괴(駭怪)한 군상(群像)들이여

세세손손

매미가
M~M~M~M~m

몇 년 뒤 환생한 매미는
M~M~M~M~n

이처럼
눈에 띄지 않게
순하게 순환하더라

만종

가난했던 밀레는
'슬픈 농부'를 그렸다

오늘날 배때지 부르고 돈푼깨나 만진다는 이들 왈
'가장 평화로운 그림'이라고 한다

내가 '너'라고 지목하자
늑대 여우 생쥐 들개 등이
눈을 부라리고 있었다

만종이 재해석되고 있었다
최고가를 경신하고 있었다

나는 복사본 앞에서
'가난과 평화'의 동질성을 찾기에 골몰하였다

천명(天命)

하늘의 뜻대로 이 땅에 씨앗을 뿌리고
하늘이 주시는 대로 거두어들이는
농부의 마음이 되지 못하여

고개 숙일 줄 모르는
인간이 되고 말았습니다

겨울

산은
옷을 벗어
자신을 한껏 낮추었는데

나는
아직도
하늘 높은 줄 모르고

이를 우짜노

ㅠ　기고
ㄴ　앉고
ㅣ　서고
ㅅ　걷고
ㄴ　앉고
ㅡ　누워
　　병풍 뒤로 갈 때까지도

ㅂ　가득 채우려 한다
ㅁ　끝끝내 비우지 않는다

《애드리브》
'허망하고 허망하다'는 걸 눈 감으며
깨닫는구려
Bye-bye

봄의 찬가

고드름
시리게 시리게 자라더니
봄 햇살 좋은 날
한 방울
한 방울
뜨락에 내려와

풀씨
자궁을 열었다

절대 고요

신화시대(神話時代)
텅 빈
광장에 내려앉은
마로니에 잎

아뿔싸
바람 불라

기막힌 동거

이 산중 초막에
천장에서 바스락거리는 소리
층간 소음 아니다
뭇 생명
살아 있음의 증거다

비록 네 바닥과 나의 바닥이
이 세상 가장 밑바닥이라 할지라도

나의 천장으로 너의 바닥이 되어주고
너의 바닥이 나의 천장이 되는
나의 천장으로 너의 살아 있음이
너의 바닥으로 나의 기식(氣息)이
확인되는 밑바닥

우리
아무런 기색 없으면
어떤 기척도 없으면
나는 천장을 긁고
너는 바닥을 긁자꾸나

통합?

이 세상에는

일생 해를 쫓는 해바라기와

오상고절(傲霜孤節)의 국화가 있다

통합은 물과 기름이다

사랑이란

사람이
곧
사랑이다

□ 모서리가
○ 둥글어지는 과정이 사랑이다

자연

'ㅇㄹㄷㅇㄹ'

모음은 산새의 몫

아!

'아름다워라'

콩닥콩닥

만개한 벚꽃
절정이다
오르가슴이다
아!
저
달콤한 유혹

나
어쩌면 좋아

변덕

세우면
벽이 되고

누이면
길이 되는

이 마음
어쩌나

풍경

저녁연기 푸르고
알전구 창호 물들이는
풍경에 끌려

갈대
개울 건너겠네

나도
덩달아 건너겠네

첨벙첨벙
건너겠네

꿈

산그늘
더 멀리까지 내려오더라
더 짙게 깔리더라
아버지는
늘
산그늘처럼
말없이
다녀가시더라

외톨이

엇박자
엇각
엇길
엇결

이러다 보니
늘
혼자였다

무인도

외딴섬
순결이다
함부로 들지 마라
설사 길이라도
딛지 마라

외로운 섬
어미의 굽은 등이다
함부로 들지 마라
설사 꿈속이라도
밟지 마라

우리는
오염되었고
우리는
불순하다

불가근불가원(不可近不可遠)

가까이서는 돌이어도
멀리서는 아름다운 별이 된다

가까운 사람일수록 적당한
간 ~ 격이
필요한 까닭이다

손 하트

한 소녀
코스모스에 앉은
잠자리를 잡으려
엄지 검지 옮기는데
잠자리 그만 날아오르고

소녀는
허공에
손 하트
예쁜 손 하트를
연신 만들어내고 있었습니다

포용

땅은
인간의 탐욕으로
갈기갈기 쪼개졌지만

바다는
한바다여

땅에서 흘러드는
단 한줄기의 물도
거부하지 않는 엄마 같은
바다여

바다는
한바다여

2부

미안해 친구

불가해(不可解)

'ㅎㅎ'
'거시기'보다 훨씬 난해하다

하하
호호
후후
헤헤
흐흐
히히

도통 속내를 알 수 없다

프로세스 1

껍데기 벗겨지는 알과

어미 품에서 껍데기 깨뜨려지는 알은

잡식성 인간이 만들어낸 이분법이다

마중물

자기 대본만 읽고 연기하는 배우와
대본 전부를 읽고 연기하는 배우의
미래는 자명하다

돌이 있어도 석기시대가 끝나지 않았는가

노을

하나를 위해
하나를 버려야 하는
시간여행 중에도

그리움 만큼은 놓지 않았다

산수 공부

'복잡(複雜)'한 생각을 정리하면 '간단'이 된다

간단(簡單) = 간결(簡潔) + 단순(單純)

'간단'을 '간결하게'와 '단순하게'로 분해하였더니
속박·결박의 끈들이 일시에 풀어헤쳐지는 것이었다
더구나
더군다나
'단순과 간결' 안에 별처럼 빛나는 '순결(純潔)'
이 또한 얼마나 경이로운 일인가

　　　《간단·간결·단순·순결》
이 낱말들이 내 안에서 반짝이는 보석이 되었고
남은 생(生)의 좌표가 되었다

취업난

all A로 졸업한 질녀가
봄바람 살랑이는 날
빨래를 넙니다

VVVVVVVVVV

빨래집게가
빨래집게가
모두
뒤집어졌습니다

어떤 통계

사람으로 인해 사망한 사람 43만여 명
개로 인해 사망한 사람 3만여 명이라는데

사람은 개보다 사람이 더 무서운데
개도 개보다 사람이 더 무서운데

목줄은 개한테 하고
목줄을 쥐고 있는 사람이라니

이
불가사의

꼴불견

술병도 기울고
술잔도 기우는데
고개 젖히는 우리

술병이 비고
술잔이 비고서야
고개 숙이는 우리네

우짜면 좋노

잘 가시오

구심력(求心力)이 작동되는 곳에서는
강한 근육과
끈끈한 혈연의 끈과
훌륭한 학연의 끈과
든든한 지연의 끈을
사력(死力)을 다해 움켜잡고
중심부로 진출해야 한다
그대가 구심점에서 멀어지는 순간
그대는 낙오자가 된다

그대가 그들로부터 필요 없는 사람으로 분류되면
순식간에 불필요한 관계가 되고 그동안 유지되던
모든 끈들은 썩은 동아줄이 되고 만다
그간의 익숙했던 구심력에서 생소한 원심력(遠心力)이
작동되는 곳으로 이동하게 된다
원심력은 그대를 멀리 내보내려는 운동이다 그러므로
이 구역은 저세상으로 가는 출구로서 순서가 무시된다
가벼운 짐보다 무거운 짐이 가속도에 잘 순응하며
속도가 붙으면 손쉽게 궤도 이탈을 하게 된다
이때 잡을 거라고는 없다

최고가 되고자 했던 자는 무거운 짐을
최선을 다한 자는 가벼운 짐을 지는 법!

잘 가시오
무거운 짐 진 자들이여

말실수

말실수(-失手)는
본시 손의 일
입은 모르는 일
아담이 손으로 선악과를 따서
입으로 가져간 후과(後果)로
우리는 뭣도 모른 채
입의 잘못을
잘못 없는 손으로
손이 발이 되도록 싹싹 비는 것이다

아름답게 살아야 해

어려서는
어머니의 사랑을 먹고

젊어서는
꿈과 희망을 먹고

늙어서는
추억을 먹고 산다

인생을 아름답게 살지 않으면
늙어서 먹는 추억은 쓰디쓰다

바람이 분다

아직
나비도 다녀가지 않은
저 꽃

아직은
새벽이슬
꽃잎에 영롱한데

저 바람
어쩌면 좋아

공염불

어떤 놈이냐

배 아파
똥덩어리 떨어뜨리고
방하착(放下着)이라 하고

똥 마려
똥 떨구고
해우소(解憂所)라 한 놈이

어떤 놈이냐

똥 말고는
내려놓는 놈 없는데

입 밖으로 배설하는
입안의 저
혀란 놈!

성적표

얼마나 다행인가
'수우미양가(秀優美良可)' 중에

아름다울 미(美)
어질 양(良)
옳을 가(可) 가
유난히 많았던 성적표

덕분에 잘 살았다!

폐광(廢鑛)

오늘도 개평 같은
'하루치 목숨'을 지하 갱도로 옮긴다
선홍색 입술로 살아
지상으로 돌아오기 위해
땅속으로 들어간다
무덤보다 깊고 어두운 곳으로
그들은 살기 위해 들어간다

무너지면 무덤이 되는 곳에서도
결코 무너져서는 안되는 가장의 무거운 어깨
그 어깨너머로
칼날처럼 매서운 바람이 분다

한때
육지 속에
펠리컨의 섬이 존재했었다

不

어찌 목 잘린 나무 목(木) 같으냐

그렇소와 아니올시다
아니올시다가
참수(斬首)를 당하였구나

참수(慙羞)
참으로 부끄럽고 부끄럽구나

不평등과
不공정
인간의 일로
평등과 공정의 숲이 어그러졌구나

관계

사랑이라고 한다
애증이라고 한다
인연이라고 한다
이웃이라고 한다
벗이라고 한다
정이라고 한다

실은
이 모두가
번뇌이다

진면목

화장실 벽 눈높이쯤
'금연' 스티커 옆에
'담배꽁초를 변기에 버리지 마세요'가
불편한 관계로

우리네 마음 안
참과
거짓이
거북한 동거로

우리네 마음 밖
본태(本態)와
가장(假裝)이
어색한 모습으로

이렇듯 우리는
진면목(眞面目)은 외면하고
허상(虛像)으로 산다

(에필로그)
아무것도 아닌 사람이라면서

아무 짓이나 하며 사는
모조(模造) 인간이 있었다

묘한 세상

천연 염색의
생활한복을 입고 있었다
선생님이라고 불리었다

허름한
생활한복을 입고 있었다
거사, 처사하고 불리었다

똑같은
생활한복을 입고 지게를 지고 있었다
아무도 거들떠보지 않았다

누가 나인가

부끄러워라

나무는 제 나이
안으로
안으로 그려내는데

나는
얼굴에 그려놓고선
나잇값도 못 하는구나

부끄러워라

소통과 불통

마주 보고 앉았다

너는 '놈'이라고 쓰고
나는 '묵'이라고 읽는다

너는 '곰'이라고 쓰고
나는 '문'이라고 읽는다

알겠느냐는 투의 눈치여서

내가 '응'이라고 쓰고
너도 '응'이라고 읽었지

우린
자기 중심적으로 살고 있다

쉿!

나는 양지바른 산자락에 앉아
도깨비바늘의 가시를 뜯고

노랑나비는
조오는 듯 합장을 하는

늦가을
늦은 오후

쉿!

나른한 오후가 멎은 채로
멎은 채로 있다

인생사계(人生四季)

겨울(冬)

비록 어두웠지만
무섭거나 두렵지는 않았어
이때만 하여도
어머니의 태(胎)가
나를 지켜주었거든

봄(春)

금속성 소리가 있었고
작은 빅뱅도 있었다
나는 블랙홀에서 미끄러지듯 나와
하나의 소우주가 되었지
이때도 역시
혈연(血緣)의 끈이
나를 칭칭 감고 있어서
그야말로 꽃 피는 봄 같았어

여름(夏)

수많은 행성과 스치면서
다행히 유성이 되진 않았어
스스로
생(生)과 동(動)을 하며
마찰 없이 잘 왔는데

가을(秋)

정(停)의 기운이 턱 밑까지 차 있어서
그 기운에 나를 맡긴다
아름답게 마무리해야 하는
의무만이 남았다

궤변으로 호도하기

수달이
1급수에서만 산다는 다큐는 전설
2급수에서 수달이 발견되면
한순간에 1급수가 되는 경이(驚異)
수질이 개선되었다는 허구

먹이가 있는 곳이라면 어디든 간다
수질 악화쯤은 아랑곳하지 않는다
올무라도 개의치 않을 기세다
허기를 채우는 것이 급선무이다
개체수가 준다? 남의 일이다

수달이 우리 인간에게 묻는다
동학(東學) 농민이 지하역사에서
'숨' 쉴 수 있겠느냐
거듭거듭 묻고
우리는
질문을 외면하고
답변은 회피한다

미안해 친구

'친구야 조만간에 밥 한 번 먹자'라고 전화했더니
그 친구
'다음에 전화할게'하더니만 어느 날 갑자기
숟가락 놓고 말았다

'조만간' '다음에' 란 말이 미워졌다

이 말들이 슬픈 말이 되었다

3부

우리 가슴으로 살자

푸른 솔

아내와 푸른 솔밭 길을 걷는다

붉으락푸르락하며 살아온 삶

"미안해 여보"

사그라들다

문창호는 바람이 있어야 제맛
문창호는 문풍지가 울어야 제맛
문창호는 알전구가 흔들려야 제맛
문창호는 숭숭숭 손가락 구멍이 제맛
문창호는 아랫목에 발이 소복해야 제맛
문창호는 귀뚜라미 밤새도록 울어야 제맛
문창호는 달빛이 밤손님처럼 들어와야 제맛
문창호는 화롯불에 옹기종기 둘러앉아야 제맛
문창호는 머리맡의 물그릇에 둥둥 살얼음이 제맛
문창호는 새벽녘에 서로의 체온으로 견디는 게 제맛

나
지금 창호지에 먹칠을 하고 있다
쓸쓸한 나이가 되었다
곧
문창호처럼 내 그림자 사라지겠다

어울림

새하얀
눈 위에
새까만
토끼똥

어쩌면 좋아
이 놀라운 조화

벌레 같은 놈

지구 표면에 달라붙어 살며
땅속 자원을 고갈시키고 그걸로
쓰레기를 양산하는 용한 재주를 가진 인간과

흔적 없이 들어가
과일 속을 파먹는 벌레가
기막히게 닮았다

덕분에

집 안에서
고마워
사랑해
괜찮아
설화(舌花) 피었는데

문밖에도
설화(雪花)가 만발하였네

아내 덕분에
온 세상 꽃길이네

시인의 독백

근데
오늘은
모처럼 술을 마셨어
횡단보도를 건너는데 차들이 브레이크를 밟지 않았어
오늘도
오늘을 아슬아슬 건너는 중이야
나는
나를 가까스로 부축하는 중이야
좀처럼
비는 그치지 않고········쯥

(추백)
마음은 풀잎처럼 흔들리는데
몸이 흔들리지 않는 나이가 되었습니다
그럼에도
가랑비에 가슴이 촉촉하게 젖어듭니다
아직은 눈물겹도록 고맙습니다

함께

금수강산에
'어린이'와
'어른이'가
정겹게 산다
어린이는 하늘과 땅 사이의 사람 'ㅣ'
어른이는 땅 'ㅡ'

수직과 수평의 아름다운 공존
수직과 수평의 순(順)한 순환

우리 가슴으로 살자

산책로에 죽은 길냥이가 있었다

머리로 아파하는 사람은
그냥 지나치고

가슴으로 아파하는 사람은
주변 숲
볕 좋은 곳에 묻어 주었다

모성애

어미 물은
겨울이 오자마자
지 몸부터 얼린다

그
아래로
솟은 물이 흐를 수 있도록

탈선(線)

선을 넘지 않았는데도
울타리를 세웠을까

선을 넘지 않았어도
가슴에 경계가 생겼을까

기차가 탈선했다는
뉴스 자막이 지나간다
곧이어
외타(外他)의 탈선이 있었다는
자막이 그 뒤를 잇는다

궁금하다

우리는
애완 고양이를
유기하고는

그들을
도둑고양이라고
부른다

그들은
우리를
뭐라고 부를까

폭력

제발
앞다리 짧은 토끼
산 아래로 몰지 마라

팔로 진화되어 앞다리 없는 우리네
아래로
아래로 내몰지 마라
제발

복수초(福壽草)

노인이 바람 따라
숫눈길을 걷는다
복수초를 피해 걷는다

복 복(福)
밟을 수 없어

목숨 수(壽)
더더욱 밟을 수 없어

다박다박 걷는다
징검징검 걷는다

오, 외롬이여 그 쓸쓸함이여

이름이 불리기 전
어머니 젖부터 찾아 물었던
나는
지구의 옆구리에 쓸쓸하게 붙어 산다
23.5도 기울어진 자전축은
나의 내면에다 어디든 기대려고 하는 속성을 만들었다
젖동냥하듯
나의 일평생은
기댈 어깨를 찾아다니는 걸객(乞客)이었다

또라이

뒤통수
옆통수 있는데
정작 통수는 없다

대체
무엇의 뒤고
무엇의 옆이란 말이냐

AC
뒷간(-間)에나 가야겠다

미상불(未嘗不)

코스모스는
온몸 흔들어 바람을 맞이하고
온몸으로 바람을 환송하였던 것이다

아!
나는
네게 어떠하였는가

노시인(老詩人)

지하철을 타면 돼
저번처럼 눈을 감지는 마
일곱 번을 서면 거기서 내려
출구가 양쪽으로 나있지?
오른쪽 출구로 나와
그리고 계속 걸어
세탁소를 끼고 왼쪽으로 들어오면 돼
들어오면서 오른쪽 간판만 봐
간판 아래 찌그러진 양은 주전자가 매달려 있는
주막에 들어오면 돼

구석자리에 앉아있는 무명 노시인은 벌써 며칠째
전화기에 대고 같은 톤 같은 말을 끝낸 뒤
눈 내리는 창밖을 본다
가버린 친구를 놓지 못해서
오늘도 어제처럼
술잔이 두 개

단골 주막에 알전구가 하나씩
꺼지고 있다
눈은 아까보다 많이 내리고……

추억은 노시인의 눈가에서 세월처럼 흐르는데

마지막 알전구가 꺼졌다

신(新) 진화론 1

인간의 죄가 늘어나면서
밟히던 꼬리가 사라졌다

그럼에도 불구하고
죄는 지속되어서

'꼬리가 길면 밟힌다'는 말이
속담으로 영속하게 되었다

신(新) 진화론 2

가설(假說) I
본시
모든 동물은
동그란 눈을 가졌었지만
먹이를 두고
곁눈질로 힐끔힐끔 훔쳐보다가
그 짓거리 몰래 오래오래 지속하면서
오직 인간만이
가로로 긴 눈을 갖게 되었다
덕분에
남녀 간에 은근슬쩍 훔쳐보는 일이 수월해졌다

가설(假說) II
동물은 눈동자가 정면으로 마주치면 싸운다
영리한 인간은
자신의 눈동자가 어디를 보고 있는지
상대가 쉽게 알 수 있도록 흰자위를 확장시켜
충돌을 피해왔던 것이다
눈동자를 좌우로 옮기면 꽁지 내리는 신호였던 것이다
덕분에
사소한 싸움이 줄어들었다

극진하다

물속의 빙하 하반신이
물 밖의 상반신을 일으켜 세우려고
발의 뿌리로 물을 지극정성 움켜잡는다

기립성 빈혈
발가락이 일렁이는 바다를 기를 쓰고 움켜쥔다

지극이다

오!
이처럼
지극일 수 없다

은행나무 아래

바람이 와서
글쎄
바람이 와서
일으켜 세우니
일제히
일으켜 세우니
종종종 군무를 한다

마치 이 세상에는
바람과 낙엽만이 있어서
바람이 낙엽 아래에서 일어나
낙엽이 바람 위로 살아나
나비처럼 살아나는
눈부시게 살아나는

쪼르르 쪼르르
나는 듯 걷는 듯
숨 막히는 부활

민들레

민들레는
낮게 피어나서
높이를 극복한다

정복이 아니라
극복의 유전자를 지녔다

우리 한민족이

그러하다

꽃잎 떨어지듯

이별하기 위해
사랑하는 사람은 없다는데도
가로수가 연신
잎을 떨구어내고 있었습니다
나는
가로수와 함께 빗길을 걸으며
마로니에 잎처럼 마냥 젖었습니다

신호등이 점멸하는 시간입니다
빨간 우체통이 쓸쓸히 다가옵니다
수도없이
편지를 쓰고
편지를 찢는
새하얀 밤이었습니다

꽃잎 떨어지듯
이별이 있었습니다

상사불견(相思不見)

만나기로 했었어
오지 않았어
올 때까지 기다리기로 했어
기다리고 기다리다
망부석이 되고 말았지
하지만 아무렇지도 않았어
이따위
추위쯤, 허기쯤, 불면쯤은 아무것도 아니었어
가끔 오기도 하였어
반가워 손이라도 잡으려 하면
그럴 때마다
내 손은 허공을 더듬었어
그래도 기다림이 마냥 좋았어
혹여
훗날
기다리고 기다리다
나 '숨' 없더라도
절대 옮기지는 마

이곳에서만큼은
난 늘 너였고
넌 항상 나였으므로

/ 4부

이 나라에서 반지하는 딴 나라 이야기

염치라고는

'두껍아 두껍아
헌 집 줄게
새 집 다오'

'까치야 까치야
헌 이 줄게
새 이 다오'

예나 지금이나
염치없기는
매한가지

회전문

가위로 보를 이겼습니다
보로 바위를 이겼습니다
바위로 가위를 이겼습니다

가위는 바위에 집니다
바위는 보에 집니다
보는 가위에 집니다

도긴개긴

줄 긋고
담쌓고
니꺼내꺼라 하는
어른이나

땅따먹기 하는
아이들이나

불공(不恭)하다고?

'바이든'을
'바이든'으로 들으면 불손(不遜)하다

'바이든'이
'날리면'으로 들리지 않으면 불순(不純)하다

이 땅에서
남은 생(生)은
토르소(torso)로 산다

*토르소(torso): 머리와 팔다리가 없이 몸통만으로 된 조각상

이태원 1

'보고 싶어'
(예약된 문자가 수신되었다)

'나도 네가 많이 보고 싶어'
(문자를 송신했다)

....

(우린 더 이상의 문자를 교환하지 못하였다)

삼천리 방방곡곡에 '사고 희생자 추모' 현수막을 걸고
굳이 참사가 아니라고 한다
굳이 사고라고 한다
분향소에 위패와 사진을 모시면 2차 가해라고 한다

몰상식이 우리에게 2차 가해를 하였고
거짓이 우리를 더 침울하게 하였고
야만이 우리를 더 울화통 나게 하였고
기만이 우리를 더 분노케 하였다
우리는 모두 가슴이 찢어질 듯이 아프지만
우리의 아픔마저도 부끄러워지는 시대에 살고 있다

이제
'네가 보고 싶었어'는
현생에서는 쓸 수 없는 말이 되었고

'네가 보고 싶어. 죽도록 보고 싶어'
제아무리 세월이 흘러도 현재 진행형의 통증이다

이태원 2

"위패, 영정 없는 분향소 봤나요?
그게 분향소 맞나요?
그런 분향소 봤나요?
저는 못 봤습니다!"

'아아흑'

"내 아이가 떠난 날 나도 죽었습니다"

'으흡흡'

《에필로그》
나는 입술을 깨물고
나는 눈물을 흘리고
나는 같이 슬퍼하고
나는 같이 분노하고
아니다
나는
아무것도 하지 않았고
나는
아무것도 하지 못하였다

이태원 3

우리는
안타까운 주검 앞에서
'지켜주지 못해 미안하다'라는 말을
되풀이하고 있다

우리는 매번
하지 않은 것과 하지 못한 것 중에
가장 이기적이고
가장 위선적인 걸
선택하고 있다

무등산 상고대

온몸으로 꽃을
피운다

밤새 내린 찬서리로 제 몸 얼리면서
흰
꽃
피운다

5월의
붉
은
꽃
가슴에 묻고

통한의
눈
물
꽃
피운다

속죄

- ▶ 굶주린 사람과 배불러 죽겠다는 사람
- ▶ 편히 쉴 집이 없는 사람과 대궐 같은 집을 가진 사람
- ▶ 일 년마다 계약 갱신해야 하는 사람과 정규직인 사람
- ▶ 학자금 대출을 받아야 하는 사람과 학자금 걱정 없는 사람
- ▶ 국가건강검진 받는 사람과 수백만 원짜리 건강검진 받는 사람
- ▶ 개돼지라고 불리는 민중과 민중은 개돼지라고 하는 사람
- ▶ 법을 준수하는 사람과 법을 제멋대로 재단하는 사람
- ▶ 불공정 사회에 사는 사람과 공정을 훼손하는 사람

나는
이처럼 탁한 세상에서
탁하게 숙성된 채로
음지와 양지를 오가며
의식 없이 살았던 것이다

이 나라에서 반지하는 딴 나라 이야기

가장 낮은 곳에서 산다
묘지보다 깊은 곳에서 잔다

물은 낮은 곳으로 흐르지만
이곳에서는 더 이상 흐르지 않는다
물이 쌓이는 곳
쌓여서 넘치는 곳
출입문이 고장 난 수문처럼 열리지 않는 곳
문이 벽이 되는 곳
창문으로 들어오는 물이 살려달라는 절규를
집어삼키는 곳
우리는 무엇을 하였는가
침수가 앗아간 가난하고 지난했던 생(生)
우리는 어디에 있었는가
먹구름 사라지고
반지하 창문 앞에 놓인 국화 몇 송이
우리는 소외된 이웃을 외면한 증거로 꽃 한 송이 놓는다
물에 발목이 잠기고
물이 무릎 가슴까지 차오르고
턱까지 차올라 뒤꿈치를 들고, 머리를 뒤로 젖히고
숨통에 물이 찰 때까지

끝끝내 문이 열리지 않았다
우리는
어디에
있었는가

소귀에 경(經)

우리가 묻습니다
공정에 대하여 묻습니다
법과 원칙에 대하여 묻습니다
검사 비리에 대하여 묻습니다
특수부 검사 룸살롱 술접대 사건에 대하여 묻습니다
정치 검찰에 대하여 묻습니다
무소불위의 검찰에 대하여 묻습니다
도이치 모터스 주가 조작을 묻습니다
어망은 피라미가 빠져나가고
법망은 거물이 빠져나가는 것을 묻습니다
우리 사회는 줄기차게 개혁을 해왔는데
그럴 때마다 검찰은 뭘 하였느냐고 묻습니다
국민 앞에 부끄럽지 않느냐고 묻습니다
쌈짓돈쯤으로 치부하는
특수활동비의 씀씀이에 대해서도 묻습니다
덧붙여 묻습니다
수사 중이라서 답변하기 곤란하다면서도
출입기자에게는 풍성하게 뿌려주는 수사 정보에 대하여
어떻게 생각하느냐고 묻습니다
우리의 질문을 어떻게 생각하느냐고 또 묻습니다

우리는
검사와 피의자가 많이 닮았다는 결론에 이르게 됩니다
우리는
소귀에 경을 읽었습니다

70년대 청계천변(淸溪川邊)

알전구가 띄엄띄엄 켜져 있는 청계천변 판자촌.
이곳 민중(民衆)은
생계비가 달랑달랑하고
쌀과 연탄이 달랑달랑하고
막노동 일자리가 달랑달랑하는 곳
일기예보는 틀려도 일 예보는 밉살스럽게도 잘 맞는 곳
절대적 빈곤과 상대적 빈곤을 두고 즐기는
언어의 유희(遊戱)가
찬바람 되어 거칠게 부는 곳
청계천(淸溪川)이지만 용이 날 수 없는 개천
몸을 노동시장에 팔아 몸을 간수하는 사람들과
몸을 돈에 팔아 쌀과 연탄과
동동구루무를 구입하는 사람들이 사는
더 낮은 곳 없는 바닥
쌀을 사면 연탄이 없고
연탄을 사면 쌀이 없는
지독한 궁핍을 견디지 못한
최씨가 고래고래 고함을 지른다.
"씨발 뼈 빠지게 일해도
부잣집 개만도 못한 인생 X같애"
"씨발 X도"

PS1: 나는 겨울의 끝자락에 학교를 졸업하고 고향으로 내려왔다. 최씨가 구멍가게에서 외상이나 구걸을 할 수 있었는지 나는 알지 못한다. 그들의 궁핍이 어디까지 계속되었는지도 모른다. 다만 철거 인력에 의해 정든 곳에서 쫓겨나 서초동 비닐하우스촌(村) 등으로 신분이 수평 이동되었을 거라는 짐작을 하고 있을 뿐이다. 이 비닐하우스촌에 여러 번 방화 사건이 있었다. 조선과 일제와 독재를 이어오면서 평행이론이 실증되고 있었다.

PS2: 잘난 서초동은 또다시 그들을 내몰고 서초동 그곳에 그들만의 딴세상을 만들었다. 초부자 특권 동네를 만들었다.

나는?

밤새 고통스러웠다
침을 삼킬 수 없을 만큼 통증이 심했다
좀처럼 잠을 잘 수 없었다
집을 나섰다
저 멀리 이(耳), 비(鼻), 인(咽), 후(喉)과
간판이 시야에 들어왔다
이비는 안중에도 없었고
인후는 어떤 놈이 식도인지, 기도인지 궁금하지도 않았다
병원은 나를 빨아들일 듯이 아가리를 벌리고
나의 내원을 반기고 있었다

이번에는 내가 의사 면전에서
의료장비가 쉽게 드나들 수 있게끔
아가리를 가지끈 벌려야 했다
목구멍이 일부 막힌 게 보이지?
목구멍이 완전히 막히면 죽는다 하였다
나는 살아서 병원을 나섰다

목구멍이 불완전하게 막혀 죽음을 면하였다
완전과 불완전은 나를 평생 불편하게 하였고
현실과 비현실은 나를 몽환상태로 내몰았다

아니 不과 아닐 非에서 벗어날 때쯤
통증은 과거로 가고
죽음은 미래로 갔다
나는 대체 어디에 있는가

빈노(貧老) 그리고 어떤 슬픔

응급 원무과 앞
허리가 절반 꺾인 안노인은
바닥에 손가방 내려놓고
오천 원권 한 장
천 원권 두 어장 움켜쥐고
"이거밖에 없어"
마치 마른 잎사귀의 언어 같았다

바깥노인은 사시나무 떨듯
주머니에 겨우 손을 넣고
또 다른 주머니에 혼신의 힘을 다해 찔러 넣고
이 잡듯이 돈을 수색한다
일십이만 일천 원을 건네고 돌아서는 노부부는
온몸을 후들거리며 병원을 나가서
엄동설한으로 빨려 들어갔다
유리창 밖으로
눈발이 날리고 있었다
유리창 안에는 휠체어에 앉은 백발노인이
두리번 누군가를 찾고 있고

이제 가난한 노부부의 모습은 보이지 않는다

집에는 이들을 기다리는 온기라도 있기나 한 걸까
어둠이 산을 쓸며 내려온다

휘황찬란한 네온 아래
화려한 의상과 사치스런 장신구들이
왁자지껄 거리를 쓸고
나도 덩달아 쓸리어 빈 의자에 등을 기댄다
비애(悲哀) 앞에 나는 더 왜소해지고 무기력해진다

《에필로그》
평소 눈 오는 날은 걷고 싶었는데…………이날은
공원에서 어깨에 눈이………………밤이 깊어서야
눈을 털었다

산중일기

* 백옥 같은 달빛 아래
  배꽃 떨어지고
  그 아래 환하다

* 바람이
  숲을 깨우고
  새가 새벽을 연다

* 타종
  허공 아니면
  종소리나 날까

* 쓸쓸한 계절에 핀 국화꽃
  낙엽이 나비 되어 놀아주는
  고즈넉한 뜰 안

* 장독대 잠자리
  바지랑대 잠자리
  힐끔힐끔 곁눈질하는 한낮

* 언 바위 틈에
  눈 부셔라
  연두! 연둣빛 새눈

* 얼음 밑으로
  흐르는
  봄날의 왈츠

* 바람이
  산사의 풍경소리
  두고 갔다

속죄하게나

- ▶ 고급 레스토랑에서 식사하는 사람과
  장바닥 따로국밥이나 먹는 민중
- ▶ 룸살롱에서 고급 위스키 마시는 사람과
  대폿집에서 막걸리 마시는 민중
- ▶ 골프장을 제집처럼 드나드는 사람과
  노동을 운동으로 여기는 민중
- ▶ 수억 원짜리 다이아몬드 반지 낀 사람과 은반지 낀 민중
- ▶ 수십억대 아파트에 사는 사람과 반지하에 사는 민중
- ▶ 수억 호가하는 그림을 소유한 사람과
  이발소 그림을 소유한 민중
- ▶ 수억대 스포츠카를 타는 사람과
  털털거리는 중고차 타는 민중
- ▶ 해외여행을 밥 먹듯이 다니는 사람과
  국내 여행도 가벼이 다니지 못하는 민중

양지와 음지
잘도 바뀌더라만……

억만장자 하워드 휴즈가 임종을 앞두고 되뇌던
Nothing! Nothing! Nothing!을

음지라고는 모르는 부류의 인간들에게 선사한다

세월

빨래판의 주름은 옅어지는데
이마의 주름살은 점점 깊게 파였다

세월은
빨래판의 주름을
어머니 이마에 옮기고 있었다

발문

빠진 자리만큼 아픈, 그러나 다시 걷는
―일상의 사소함에서 건져 올린 견딤과 울림

이영철(소설가·한국소설가협회 부이사장 역임)

발문

빠진 자리만큼 아픈, 그러나 다시 걷는
―일상의 사소함에서 건져 올린 견딤과 울림

이영철(소설가·한국소설가협회 부이사장 역임)

김성기의 시집 『한 발 빼면 한 발 빠지는』을 펼치면 가장 먼저 보이는 것은 간결과 강단이다. 시인의 시 자체가 곧 시적 방식이다. 과장이나 수사로 꾸미지 않으려는 태도. 시인은 굳이 언어를 부풀리지 않는다. 대신 일상의 경계와 균형이 흔들리는 지점들을 담담한 문장으로 하나씩 찍어 보여준다.

1. 핵심은 진솔함이다

시집의 서시 격인 「시인의 독백」은 이런 태도를 곧장 드러낸다. "근데 / 오늘은 / 모처럼 술을 마셨어 / 횡단보도를 건너는데 차들이 브레이크를 밟지 않았어 / 오늘도 / 오늘을 아슬아슬 건너는 중이야 / 나는 / 나를 가까스로 부축하는 중이야"라는 구절에서, 시인은 스스로의 불안과 일상의 위태로움을 숨김없이 꺼낸다. 여기에는 무대 장치가 없다. 특별한 수사가 아니라 '지금, 내가 느끼고 사유하는 것'을 말하는 목소리만 있을 뿐이다. 그 솔직함이 독자를 가만히 붙든다.

이 시집은 작고 사소해 보이는 것들로부터 출발해 핵심을 드러낸다. 예컨대 「노크도 못 하고」의 한 장면을 보자.

차가 지나간다
내 그림자가
그녀의 창가에 닿았다가
말없이
말없이 돌아왔다

이렇게 간단한 풍경으로 곁의 부재와 미묘한 감정의 파동을 만든다. 「취업난」의 유머와 실험성도 눈에 띈다. 'A' 문자들을 뒤집어 놓은 형식과 마지막의 선언, "빨래집게가 / 빨래집게가 / 모두 / 뒤집어졌습니다"는 소소한 장면을 통해 불안과 아이러니를 동시에 보여준다. 형식적 장난은 결코 장식이나 장난이 아니다. 문장 자체가 의미를 지시하는 방식으로 작동한다.

계절과 시간에 대한 감각도 이 시집의 중요한 축이다. 「인생사계」에서 시인은 각 계절을 개인의 시간과 연결해 진술한다. "이때도 역시 / 혈연(血緣)의 끈이 / 나를 칭칭 감고 있어서 / 그야말로 꽃 피는 봄 같았어"라는 대목은 계절의 이미지를 빌려 삶의 결을 드러내는 전형적이면서도 진솔한 방법이다. 계절은 서사적 전개를 위해 끼워 넣은 배경이 아니라, 곧 시인의 기억과 감정의 좌표다.

2. 싱싱하게 번뜩이는 자기풍자와 사회비판적 시선

유머와 자기풍자는 시의 또 다른 얼굴이다. 날카로운 사회 풍자와 결을 같이하면서도, '공염불' 같은 시에서는 장난기 어린 분노를 드러낸다: "똥 말고는 / 내려놓는 놈 없는데 / 입 밖으로 배설하는 / 입안의 저 / 혀란 놈!" 이 문장들은 거친 웃음과 함께, 말과 행위의 불일치를 비튼다. 동시에 「또라이」, 「잘 가시오」 같은 시편에서는 사회적 관습과 관계의 역학을 꼬집는다. "잘 가시오 / 무거운 짐 진 자들이여"라는 말은 연민과 냉소를 함께 품는다.

또 하나 눈에 띄는 점은 시집 전반에 흐르는 연민의 시선이다. 「포용」에서는 이렇게 말한다.

"땅은
인간의 탐욕으로
갈기갈기 쪼개졌지만

바다는
한바다여

땅에서 흘러드는
단 한줄기의 물도
거부하지 않는 엄마 같은
바다여

바다는
한바다여

이 대목은 시인의 윤리적 감수성을 그대로 드러낸다. 나눔과 포용을 단정적 구호로 말하지 않고, 바다라는 이미지로 부드럽게 그러나 분명하게 제시한다. 시의 태도는 선동적이지 않다. 대신 같은 문제를 여러 방향에서 바라보게 만든다.

시집은 사회적 비판을 직접적으로도 다룬다. 「아휴」에서는 인간의 파괴성을 정면으로 진단한다.

지구 나이를 하루라고 가정하면

인간은 고작 5초 정도 살은 셈이라고 한다

이 5초 만에 지구별을 망가뜨린

해괴(駭怪)한 군상(群像)들이여

이처럼 시인은 개인의 생활 감각과 사회적 문제를 함께 붙들어, 두 축이 서로 비집고 들어가게 한다. '속죄'에 나열된 삶의 격차들 ― 굶주림과 과잉, 비정규와 정규, 건강검진의 차이 같은 항목들 ― 은 시의 도덕적 상상력을 압축한다. 시인은 대개 직접적 구호를 피하지만, 행간에서 분명한 입장을 드러낸다.

트라우마와 공동체의 상실을 향한 시선도 강하다. '이태원' 연작은 시대의 비명과 개인의 상처를 결합시킨다. "'보고 싶어'(예약된 문자가 수신되었다) / '나도 네가 많이 보고 싶어'(문자를 송신했다) … 우리는 모두 가슴이 찢어질 듯이 아프지만 / 우리의 아픔마저도 부끄러워지는 시대에 살고 있다"라는 문장들은 개인적 애정과 공적 비탄이 어떻게 얽히는지 보여준다. 시인은 '말할 수 없음'과 '말해야 함' 사이에서 망연자실한 감정을 그대로 전달한다.

형식 면에서도 흥미로운 실험을 여러 곳에서 발견할 수 있다. 「이를 우짜노」의 자형적 배열("ㅂ 가득 채우려 한다 / ㅁ 끝끝내 비우지 않는다")은 말의 형태 자체를 시각적으로 드러내며 의미의 불균형을 강조한다. 이러한 타이포그래피적 장치들은 내용과 잘 결합되어, 단순한 장식이 아니라 시적 진술의 일부로 작동한다.

3. 견디는 자의 단단하고도 다층적인 목소리

시 전체를 관통하는 정리는 '견딤'이다. 시인은 큰 목소리로 결론을 내리지 않는다. 대신 자주 반복되는 관념은 이른바 '다시 일어남'이다. '복수초'의 "다박다박 걷는다 / 징검징검 걷는다" 같은 이미지나 '꽃잎 떨어지듯'의 마지막 문장 "꽃잎 떨어지듯 / 이별이 있었습니다"는 삶의 상처와 그 상처를 지나가는 방식에 대한 관찰을 간결하게 보여준다. 큰 교리 없이, 작은 행동들로 삶을 이어가는 태도가 이 책을 지배한다.

마지막으로, 이 시집을 어떤 독자에게 권하고 싶은가. 언어의 화려함보다 삶의 결을 보고 싶은 독자, 사회적 문제와 인간적 연민을 동시에 품는 시를 원하는 독자 그리고 담백한 문장 안에서 오랫동안 남을 울림을 찾는 독자에게 이 책은 좋은 동반이 될 것이다. 김성기는 서정과 풍자를, 일상과 정치적 성찰을 한데 놓고도 결코 산만해지지 않는다. 대신, 조용히 그러나 단단하게 말한다.

  책을 덮고 나면 기억에 남는 장면들이 있다. "근데 / 오늘은 / 모처럼 술을 마셨어"로 시작되는 작은 자백, "차가 지나간다 / 내 그림자가 / 그녀의 창가에 닿았다가 / 말없이 / 말없이 돌아왔다" 같은 순간들, 그리고 "세월은 / 빨래판의 주름을 / 어머니 이마에 옮기고 있었다"라는 마지막의 이미지까지. 이 모든 것이 서로 다른 톤으로 울림을 만든다. 이 울림은 애써 꾸미거나 호도하지 않는다. 자기 앞의 삶을 자기 안으로의 삶과 분리하지 않는 일. 내면을 통해 외면을, 외면을 통해 내면을 보는 것. 더 나아가 또 다른 층위의 의미망을 통해 자기 앞의 삶을 새로 보려는 노력. 이것들이 어우러져 김성기 시인의 시는 신선한 느낌과 선명한 이미지, 미묘한 감정의 파문을 전달한다. 이 시집의 가장 큰 미덕은 바로 이 단단하면서도 다층적인 울림이다. 그리고 그 울림을 살아내는 시인의 자세다.

한 발 빼면 한 발 빠지는

김성기 지음

발행처	도서출판 청어
발행인	이영철
영업	이동호
홍보	천성래
기획	육재섭
편집	이설빈
디자인	이수빈 l 구유림
인쇄	정우인쇄

등록　1999년 5월 3일
　　　(제321-3210000251001999000063호)

1판 1쇄 발행　2025년 10월 1일

주소　서울특별시 서초구 남부순환로 364길 8-15 동일빌딩 2층
대표전화　02-586-0477
팩시밀리　0303-0942-0478
홈페이지　www.chungeobook.com
E-mail　ppi20@hanmail.net

ISBN　979-11-6855-387-3(03810)

본 시집의 구성 및 맞춤법, 띄어쓰기는 작가의 의도에 따랐습니다.
이 책의 저작권은 저자와 도서출판 청어에 있습니다.
무단 전재 및 복제를 금합니다.